TROISIÈME CONGRÈS

des

MAITRES-IMPRIMEURS DE FRANCE

LILLE
1896

RAPPORT

sur le

BREVET DES IMPRIMEURS

par

M. CHALLIER DE GRANDCHAMPS

IMPRIMERIE L. DANEL.

RAPPORT

SUR LE BREVET DES IMPRIMEURS

par M. CHALLIER DE GRANDCHAMPS

TROISIÈME CONGRÈS

des

ITRES-IMPRIMEURS DE FRANCE

LILLE
1896

RAPPORT

sur le

EVET DES IMPRIMEURS

par

M. CHALLIER DE GRANDCHAMPS

IMPRIMERIE L. DANEL.

UNION
DES MAITRES-IMPRIMEURS
DE FRANCE

———

LILLE — 1896

———

Messieurs,

Le Comité central de l'Union m'a fait l'honneur de me charger de présenter au Congrès un rapport sur la question du Brevet des Imprimeurs et de l'indemnité qui reste toujours due aux titulaires depuis la suppression de ces Brevets, c'est-à-dire depuis 1870.

Le Comité a pensé qu'il était nécessaire, — avant que l'on pût nous opposer la prescription, — de tenter un dernier effort en vue d'obtenir cet acte de justice que nous réclamons vainement depuis près de trente années en nous heurtant non pas à des refus, grands Dieux !... personne n'a eu cette idée... mais à des exceptions d'incompétence bien faites pour lasser la persévérance de ceux de nos confrères qui, individuellement, ont eu le courage de se mettre en avant en vue du bien général.

Nous estimons aussi que, maintenant que nous sommes constitués en Union, nous avons plus de chances d'être écoutés et de voir aboutir les revendications légitimes que

1*

nous formulons en commun ; mais il faut compter avec les lenteurs parlementaires et il nous a paru prudent de soumettre, sans plus tarder, aux délibérations du Congrès, une question dont l'examen a rencontré jusqu'ici en haut lieu une bien mauvaise volonté, pour ne pas dire plus.

Je ne me dissimule pas, Messieurs, que la tâche qui m'a été confiée par mes collègues du Comité présente quelques difficultés. Tout d'abord le sujet que j'ai à traiter n'intéresse directement qu'un certain nombre d'entre nous. J'ai assez confiance pourtant dans l'esprit de solidarité qui anime les membres de ce Congrès, même les plus récemment venus dans notre profession, pour ne pas douter un instant que leur concours ne soit acquis à nos réclamations, auxquelles ils donneront un poids d'autant plus grand. Ce n'est d'ailleurs jamais inutilement que l'on s'associe à la défense d'une cause juste, et, bien que le profit qu'on en puisse retirer ne semble pas toujours immédiat, il est bon d'exiger, chaque fois que l'occasion s'en présente, l'application des principes d'équité qui sont la base des relations sociales : ce qui sert aujourd'hui à autrui vous servira demain en d'autres circonstances.

L'on m'a encore objecté qu'à bien des reprises déjà, on avait tenté, — sans y réussir, — d'obtenir la légitime indemnité due aux propriétaires des anciens Brevets et qu'un nouvel effort n'aboutirait pas plus que les précédents. Je n'en suis nullement convaincu, pour ma part. Les circonstances ne sont point les mêmes ; nous représentons, d'un bout de la France à l'autre, une force et une influence autrement considérables que ne pouvaient être autrefois celles d'imprimeurs ou même de syndicats isolés. D'ailleurs un semblable raisonnement nous conduirait bien vite à ne rien faire du tout, et il me sera peut-être permis de rappeler que si nous avions toujours observé pareille attitude, les imprimeurs supporteraient encore seuls la responsabilité du timbre des affiches, dont ils ont été déchargés à la suite du Congrès de Lyon.

Et puis je dois faire observer aussi que, dans les tentatives antérieures, la question a pu se trouver mal posée ; peut-être aussi n'a-t-on pas suivi la procédure qui convenait et qui nous a cependant été indiquée d'une façon très claire par un arrêt du Conseil d'État. Cela tenait sans doute, comme je le disais plus haut, à ce que ceux de nos confrères qui agissaient alors seuls, ou du moins presque isolément, ont fini par se lasser d'être renvoyés de Caïphe à Pilate et ont fini par jeter le manche après la cognée.

Il n'en sera pas de même aujourd'hui et le Comité central, que vous devez compléter tout à l'heure, apportera, j'en ai la conviction, à suivre cette affaire et à la mener à bien, le zèle et l'activité dont il s'est efforcé de faire preuve dans la gestion des intérêts que vous lui avez confiés.

**

Ce n'est pas devant une assemblée d'imprimeurs qu'il est nécessaire de refaire l'historique des Brevets. Sans remonter, donc, jusqu'au Déluge, ni même jusqu'aux Jurandes et aux Maîtrises, — auxquelles, soit dit en passant, nous avons bien l'air, en France, de revenir tout doucettement, — il est indispensable d'établir nettement que ces Brevets constituaient pour leurs titulaires une indiscutable propriété, car c'est la base même du droit à l'indemnité réclamée aujourd'hui.

Que l'on ait eu tort le jour où l'on a créé le Brevet d'Imprimeur, que l'on ait eu raison le jour où l'on a décrété sa suppression, ce sont là des questions que nous n'avons pas à examiner ici et je crois en toute sincérité que, parmi les confrères qui me font l'honneur de m'écouter, il ne s'en trouverait pas un — je dis : pas un — qui désire voir restreindre la liberté (bien relative, hélas,) dont semble bénéficier de nos jours l'exercice de l'Imprimerie. Cependant je crois qu'il n'est pas inutile, puisque l'occasion s'en présente, que nous manifestions clairement notre opinion à cet égard et que nous rassurions ainsi certaines appréhensions dont M. Pelletan se faisait l'interprète lorsqu'il s'écriat, le 16 février 1877 :

« Il est bon de faire justice de toutes les accusations qui
» auraient pu être dirigées contre la suppression des brevets
» d'imprimeurs ».

C'est qu'il semble en effet que l'une des principales causes —sinon la seule—de la mauvaise volonté à laquelle se sont heurtés jusqu'ici ceux d'entre nous qui ont essayé de se faire rendre justice, soit la crainte de paraître blâmer la mesure prise par le Gouvernement de la Défense nationale et par laquelle la profession d'imprimeur était déclarée libre.

Si l'on se reporte par la pensée aux événements qui se préparaient à l'époque où le Sénat était saisi de la proposition de loi de MM. Taillefert et Houssard, c'est-à-dire au commencement de 1877, on se rendra compte qu'une fois de plus la politique, l'horrible politique, est intervenue où elle n'avait que faire et a fait dévier une question de pure équité, qui n'aurait dû rencontrer que l'approbation de tous les bons esprits.

Je ne crois pas inutile de mettre sous vos yeux une grande partie de la discussion assez vive qui s'éleva au sein de la haute Assemblée à cette occasion. Elle nous fera connaître à l'avance certaines objections auxquelles il est bon que nous puissions répondre si l'on venait à nous les opposer encore.

C'est le 9 février 1877 que M. Malens déposa sur le bureau du Sénat le rapport fait « au nom de la Commission chargée d'exa-
» miner la proposition de loi de MM. Taillefert et Houssard,
» tendant à la nomination d'une commission de neuf membres
» chargés de proposer un projet de loi ayant pour but de statuer
» sur les conséquences du décret du 10 septembre 1870 à l'égard
» des imprimeurs. »

Vous remarquerez tout d'abord, Messieurs, les termes un peu ambigus et, en quelque sorte, embarrassés, de cette proposition. Tout en sachant gré à ses honorables auteurs des sentiments de bienveillance dont ils faisaient ainsi preuve à notre égard, il faut bien reconnaître que c'est en grande partie au manque de clarté, ou mieux : de netteté de cette rédaction qu'est dû leur échec.

Le rapport de M. Malens, imprimé et distribué, revint à l'ordre du jour de la séance du 16 février; mais, sur la demande des auteurs de la proposition, la discussion en fut ajournée.

Ce rapport n'était guère favorable à nos revendications (1). Voici comment il s'exprimait :

Le décret du Gouvernement de la Défense nationale, en date du 10 septembre 1870, est ainsi conçu :

« Art. 1ᵉʳ. — Les professions d'imprimeur et de libraire sont libres.

» Art. 2. — Toute personne qui voudra exercer l'une ou l'autre de ces professions sera tenue à une simple déclaration faite au Ministère de l'intérieur.

» Art. 3. — Toute publication portera le nom de l'imprimeur.

» Art. 4. — Il sera ultérieurement statué sur les conséquences du présent décret à l'égard des titulaires actuels des brevets. »

Les trois premiers articles de ce décret ont reçu leur exécution, et jusqu'à présent le progrès libéral qu'ils ont réalisé n'a fait l'objet d'aucune attaque directe. C'est la promesse de l'article 4, restée sans effet, qui a surtout provoqué les réclamations, sinon de tous les brevetés, du moins de quelques-uns d'entre eux, les imprimeurs typographes de Paris.

Dans le rapport fait au nom de la commission chargée de proposer, le cas échéant, des modifications aux décrets législatifs du Gouvernement de la Défense nationale, rapport déposé le 24 février 1872, et visant une pétition de M. de Mourgues, en date du 11 juin 1871, l'honorable M. Taillefert exposait déjà les doléances des imprimeurs, insistait pour qu'il y fût fait droit et demandait que l'Assemblée Nationale suspendît par une loi l'application du décret du 10 septembre, afin d'empêcher l'établissement de nouvelles imprimeries, jusqu'au règlement définitif de la question à tous les points de vue.

Cette demande n'étant point formulée en proposition expresse, n'a pas été mise en délibération et il en a été de même pour celle qui était contenue dans un autre rapport présenté aussi par M. Taillefert, au nom d'une Commission des pétitions, rapport déposé le 29 novembre 1875 et concluant au renvoi d'une nouvelle pétition des imprimeurs parisiens à M. le Ministre de l'Intérieur.

Notre honorable collègue, devenu sénateur, a cru de son devoir de poursuivre devant vous l'accomplissement de ce qu'il pense être un acte de juste réparation et, de concert avec M. Houssard, il vous a proposé de nommer une Commission ayant le mandat d'étudier et de rechercher quelles sont les conséquences de la liberté de l'imprimerie vis-à-vis des anciens imprimeurs brevetés, s'il y a lieu de les indemniser, à combien s'élèverait l'indemnité et comment et par qui elle devrait être payée.

(1) La commission sénatoriale était composée de MM. Crémieux, président ; Malens, secrétaire-rapporteur, Paulmier, baron de Ravignan, Pelletan, Houssard, Schœlcher, Daussel, Testelin.

Cette proposition de résolution ayant été prise en considération par le Sénat, une commission spéciale a dû s'en occuper et elle s'est demandée s'il y avait lieu de l'accueillir d'une manière définitive.

Après avoir exposé successivement les arguments des auteurs, puis ceux des adversaires de la proposition, et soutenu que la promesse d'un examen ultérieur, consignée dans l'article 4 du décret du 10 septembre, n'équivaut pas et ne pouvait équivaloir à la reconnaissance légale du droit prétendu, le rapporteur terminait en appréciant ainsi le mode de procéder adopté par MM. Taillefert et Houssard pour réaliser cette promesse d'examen :

Qu'il s'agisse des quatre-vingts imprimeurs de Paris ou des onze cents imprimeurs des départements, c'est toujours une question *d'intérêt purement privé* qu'il faudrait résoudre. Si, comme on l'a soutenu, les brevets constituent une propriété réelle, le décret du 10 septembre qui les a supprimés équivaut à une déclaration d'utilité publique, préliminaire obligé de toute expropriation ; mais il a laissé ouvert, par son acticle 4, tout recours légitime aux tribunaux compétents pour fixer le montant de l'indemnité due aux expropriés. — Le Sénat, en prenant l'initiative de l'examen d'une difficulté d'ordre purement juridique, intéressant un certain nombre de particuliers, empièterait évidemment sur le pouvoir judiciaire.

Dans le cas où les imprimeurs, au lieu d'invoquer un droit positif résultant de textes de lois, se contenteraient de réclamer en équité, à titre gracieux par conséquent, une réparation raisonnable du préjudice qu'ils ont pu éprouver, il est manifeste qu'il faudrait alors se rendre un compte exact de la situation de chacun d'eux, rechercher l'origine de chaque brevet, l'importance de chaque établissement avant 1870, les résultats de la concurrence vis-à-vis de chaque intéressé. Et c'est aux représentants du pouvoir exécutif, et non à une Commission du Sénat, qu'un pareil travail peut et doit être confié. D'ailleurs, il ne faut pas oublier que les imprimeurs n'ont aucunement renoncé à agir par la voie contentieuse, et il n'y aurait ni droit ni convenance de notre part à leur imposer implicitement la voie gracieuse.

Enfin, d'une manière générale, quand l'intérêt privé est en jeu, s'il est en contradiction avec celui de l'Etat et si les représentants de l'Etat négligent de lui accorder satisfaction, il peut selon son importance, donner lieu soit à un renvoi de pétition au Ministre compétent, soit à une interpellation, suivie d'un ordre du jour motivé ; mais il ne saurait être dans le rôle du Sénat, et conforme à sa dignité de nommer une Commission pour se livrer, *motu proprio*, à la préparation d'un projet de loi uniquement destiné à trancher une question de cette nature.

En conséquence, votre Commission est d'avis de laisser aux intéressés le soin de poursuivre et au Gouvernement celui d'examiner les conséquences du décret du 10 septembre, et conclut au rejet de la résolution proposée par MM. Taillefert et Houssard.

Voici en quels termes M. Taillefert, dans la séance du 24 février 1877 s'élevait contre ces conclusions. J'emprunte les citations qui vont suivre au compte rendu sténographique du *Journal Officiel* :

M. le Président. — La parole est à M. Taillefert.

M. Taillefert. — Messieurs, je viens combattre les conclusions du rapport qui a été fait au nom de la Commission chargée d'examiner la proposition de résolution qui vous a été présentée par notre honorable collègue M. Houssard et par moi.

Cette proposition tendait à faire statuer ultérieurement sur les conséquences du décret du Gouvernement de la Défense nationale, à l'égard des imprimeurs.

Il faut vous dire, Messieurs, dans quelles circonstances la proposition est née, et par quelle suite de faits nous nous sommes décidés à la présenter à vos délibérations.

Le décret du Gouvernement de la Défense nationale date du 10 septembre 1870. A ce moment la France était envahie, Paris près d'être investi, et, quelques mois plus tard, arrivait la Commune qui mit le comble à nos malheurs.

MM. les imprimeurs eurent la sagesse et le patriotisme de ne pas élever la voix, de ne pas faire entendre leurs plaintes et leurs doléances. Mais quand le calme fut rétabli, ils s'empressèrent de protester contre un décret qui les avait privés de leur monopole et qui ne leur indiquait qu'indirectement la possibilité d'être indemnisés.

Aussitôt, ils se rendirent près de M. le Ministre de l'Intérieur, qui était alors M. Lambrecht. Ils obtinrent d'excellentes réponses. On leur promit d'examiner avec bienveillance la situation qui leur était faite.

A peu près dans le même temps, l'Assemblée Nationale instituait une Commission chargée d'étudier les décrets du Gouvernement de la Défense nationale et d'indiquer ceux de ces décrets qui devaient être maintenus, retouchés ou même abrogés.

Pendant le cours de ses travaux, cette question de la propriété des brevets a été soumise à la Commission, qui donna un avis tout à fait favorable aux imprimeurs ; mais comme la Commission n'avait que des pouvoirs consultatifs, elle ne put pas présenter un projet de loi afin de mettre un terme à une situation d'incertitude qu'elle-même voyait avec regret. Toutefois elle demanda qu'une nouvelle loi fît disparaître le décret du 10 septembre ; mais elle se gardait bien d'indiquer ses préférences, soit pour le régime de la liberté, soit pour celui du monopole.

Dans cette situation, MM. les imprimeurs n'avaient plus qu'une faible espérance de faire prévaloir le privilège et s'attachèrent au principe d'indemnité.

Ils firent cependant une pétition qui fut présentée à la Commission des décrets, qui la signalant au Gouvernement, répondit aux imprimeurs qu'elle ne pouvait faire plus.

Depuis, toutes les fois qu'un Ministre a pris possession du portefeuille de l'Intérieur, les imprimeurs ont fait une nouvelle démarche et toujours avec le même insuccès.

Il fallait bien qu'il y eût une cause expliquant ces résultats négatifs, — car les Ministres qui se succédaient disaient tous qu'il y avait matière à examiner, à étudier. Quel motif pouvait expliquer que toutes ces réponses semblables et toutes ces marques de bienveillance et de sympathie n'amenassent aucun résultat ? Cette cause se trouvait dans une lacune du décret, qui, après avoir édicté trois dispositions impératives et complètes, avait dit dans l'article 4, sur lequel roule toute la difficulté :

« Il sera statué ultérieurement sur les conséquences du présent décret à l'égard des titulaires des brevets ». Que voulaient dire ces mots ? Quelle était la promesse qui y était inscrite ? car il y avait là évidemment une promesse, et les membres du Sénat qui ont appartenu au Gouvernement de la Défense nationale ne peuvent pas nier qu'il n'y ait pas un engagement pris par ce Gouvernement. Cet engagement, qui incombe maintenant à ses successeurs, a été pris très spontanément ; il doit avoir une signification, car enfin il faut que ces mots : « Statuer ultérieurement sur les conséquences du présent décret » aient un sens, et ils ne peuvent en avoir d'autre que celui que je vais vous expliquer.

Il s'agirait, à mon avis, d'une promesse, non d'indemniser, mais seulement d'examiner s'il y a lieu à une indemnité, à un dédommagement. Il est impossible de donner à cet article du décret un autre sens.

Environ un an après, on dépose sur le bureau de l'Assemblée nationale une nouvelle pétition adressée par le président de la Chambre syndicale des imprimeurs. Par des causes diverses, cette pétition ne put être rapportée qu'a la fin de l'année 1875. Elle fut renvoyée au Ministre de l'Intérieur ; celui-ci ne fit pas connaître quelle suite il avait donnée à cette pétition. On comprend, d'ailleurs, son silence. Nous étions à la veille de la dissolution de l'Assemblée nationale, à la veille des élections pour le Sénat et pour la Chambre des députés : on ne répondit pas. Peut-être ne savait-on pas à qui adresser la réponse, puisque le corps électif qui avait renvoyé la pétition au Ministre n'existait plus.

Toujours est-il que six ans s'étaient passés et qu'après avoir pendant tout ce temps fait des démarches pour obtenir la solution de la question ainsi posée : Y a-t-il, oui ou non, une indemnité due aux imprimeurs dépossédés de leur brevet ? on était toujours dans une incertitude et une attente pénibles. Comme le disait parfaitement, l'autre jour, à cette tribune, l'honorable M. Pelletan : A cette attente il fallait mettre un terme.... C'est ce que nous avons voulu faire en présentant la proposition signée par l'honorable M. Houssard et par moi.

Si vous acceptez notre proposition, quelle en sera la conséquence ? Elle sera la clôture d'un système que vous ne voulez pas voir revenir.

En effet, je sais que parmi mes honorables collègues, il en est quelques-uns qui ont craint que notre proposition ne renfermât une intention cachée, un désir dissimulé, celui de faire renaître le régime du monopole.

Je déclare que rien n'est plus contraire à ce dernier régime que notre proposition. Nous demandons, en effet, la liquidation du régime du monopole et nous maintenons qu'il est bien fini, en enlevant précisément à ceux qui ont été lésés ou se croient lésés le droit de se plaindre et de souhaiter un autre régime qui les dédommagerait.

On a trouvé étrange la procédure que nous avons suivie. C'était, cependant, la seule que nous puissions adopter, puisque les représentants des Imprimeurs de Paris et de la France avaient usé vainement de toute autre voie.

Ce que nous désirons, c'est uniquement de compléter la formule d'un décret, qui nous paraît imparfait parce qu'il n'a pas donné pleine satisfaction aux intérêts qu'il réglait. Ce que nous demandons, c'est que ce décret dise si : oui ou non, une indemnité sera accordée.

Nous n'allons pas plus loin, et nous avons raison de le constater ; car, dans cette affaire, on a paru croire que notre proposition ne satisferait que les intérêts privés des imprimeurs, et que nous demandions au Sénat de dispenser lui-même, soit à titre gracieux, soit sous toute autre forme, les indemnités qu'il jugerait à propos d'accorder à chaque imprimeur. Non, c'est une question de principe qui est posée devant le Sénat, et pas autre chose. Nous avons parfaitement compris que nous ne pourrions pas vous poser une question si grave et nous lancer dans des débats aussi importants sans avoir consulté le Ministre dans les attributions duquel se trouve l'imprimerie. Nous avons vu M. le Ministre, et nous serions heureux qu'aujourd'hui il pût vous dire quel a été le fruit des réflexions qu'il a dû faire sur l'entretien que nous avons eu l'honneur d'avoir avec lui. Ce que nous désirons, c'est d'obtenir un résultat précis, une solution quelle qu'elle soit ; c'est de faire sortir d'une incertitude excessivement douloureuse pour toutes les parties intéressées, une foule de gens qui se trouvent plus ou moins atteints par la suppression des brevets.

Si M. le Ministre veut bien nous dire ce qu'il pense sur cette question, s'il veut prendre l'engagement de faire procéder, suivant la forme qui lui conviendra, à l'examen de cette question, nous serions prêts à descendre de la tribune et à demander que notre projet de résolution fût remis à une époque postérieure, nous pourrions même le retirer, sauf plus tard à user de nos droits, si nous croyions n'avoir pas obtenu tout ce que nous avions à désirer. (*Très bien*).

M. Pelletan. — Messieurs, la question qui vient d'être portée à cette tribune, par notre honorable collègue, M. Taillefert, qu'il me permette de le lui dire, est un peu vague. Ou elle est trop restreinte, ou elle est trop complète. Il commence par demander des indemnités, si je l'ai bien compris, pour les brevets d'imprimeurs supprimés. Il ne fait pas de distinction entre les imprimeurs de Paris et ceux des départements. Il me semble, si j'ai bien entendu et bien compris l'argumentation de notre honorable collègue, qu'il a argué d'un dernier paragraphe du décret de septembre pour dire que nous nous étions, nous Gouvernement et législateurs, engagés en même temps à statuer, c'est-à-dire à donner des indemnités. C'était le sens que M. Taillefert attribuait à ces paroles, et j'entendais même derrière moi les protestations de plusieurs de nos collègues, qui disaient que statuer n'impliquait pas le sens que des indemnités étaient dues.

Maintenant, si je me suis trompé sur la pensée de notre collègue, je retire ce que je viens de dire.

Messieurs, ce décret de septembre n'a pas été aussi improvisé qu'on veut bien le croire.

La question se présentait devant nous déjà jugée, en quelque sorte, en première instance. Ceux qui, comme moi, ont appartenu à l'ancien Corps législatif, savent parfaitement que la question de ces brevets d'imprimeurs et de libraires, avait été tranchée en principe par un article de la loi de 1868 ; et, si je ne me trompe, il y eut un amendement de l'un de nos collègues d'alors, M. Pamard, qui avait voulu faire retrancher cet article pour maintenir les brevets d'imprimeurs et de libraires : cet amendement fut repoussé.

Si l'article n'a pas été adopté c'est pour un autre motif, parce qu'on a cru que les brevets pouvaient soulever une question de propriété. Je sais bien que M. Rouher a nié énergiquement que les brevets d'imprimeurs pussent constituer pour eux une propriété.

On parlait alors non pas de tous les imprimeurs, mais seulement de ceux de Paris. Il s'agissait de savoir s'il leur était dû une indemnité, et M. Rouher disait : Quand on a réduit le nombre des imprimeurs de Paris à 80 d'abord, à 60 ensuite, ce n'était qu'une mesure de police ; mais jamais le Gouvernement n'a pris vis-à-vis des propriétaires de brevets l'engagement de leur donner une indemnité. Une indemnité ? Est-ce qu'il ne l'ont pas touchée depuis 60 ans par le monopole dont ils ont joui ? Comment ! il y a 60 imprimeurs seulement à Paris ; la production n'a pas quintuplé, elle a décuplé, et ils ont réalisé des bénéfices immenses. Et aujourd'hui, seuls parmi tous les propriétaires de monopoles, ils viennent nous demander une indemnité, l'indemnité qu'on n'a donnée ni aux boucheries ni aux boulangeries, ni aux maîtres de poste. Eh bien, permettez-moi de vous le dire, je trouve que, depuis qu'ils jouissent du monopole, ils se sont bien payés de leurs propres mains ! Mais si le principe que vous venez émettre à cette tribune avait quelque valeur, il faudrait aussi l'appliquer aux libraires ; ils ont également des brevets, ils sont dans les mêmes conditions. Ah ! je sais bien que vous dites que le Gouvernement s'est toujours réservé le droit d'accorder des brevets de libraire et d'imprimeur. Vous voyez bien qu'il n'y a pas de question de propriété ; s'il y en avait une, comme on a voulu la créer par assimilation avec les offices ministériels, le Gouvernement n'aurait pas pu créer de nouveaux brevets d'imprimeur ou de libraire, pas plus qu'il ne peut créer de nouvelles charges d'avoué ou de notaire sans indemniser les notaires qui sont à côté et qui auraient à souffrir de la concurrence.

Messieurs, je vous demande la permission d'interrompre un instant la citation que je suis en train de faire, pour relever immédiatement comme elle le mérite la théorie plus que fantaisiste dont M. Pelletan, s'appuyant sur l'autorité de M. Rouher, ne craint pas de se faire l'interprète.

En vérité ! De ce que les imprimeurs auront pu gagner de l'argent en exploitant le brevet qui leur a été vendu, il résultera que ce brevet peut leur être enlevé, du jour au lendemain, *ad nutum*, sans indemnité !

Mais d'abord, — ainsi que le faisait très justement observer l'avocat de notre confrère Goupy devant le Conseil d'État, — ce raisonnement n'atteint évidemment pas les imprimeurs qui ont acheté leur brevet peu de temps avant le décret de 1870 et non, comme le suppose M. Pelletan, soixante ans auparavant. Et puis le décret de 1870 n'eût-il frappé que des centenaires ou des octogénaires enrichis par une longue exploitation, une semblable argumentation ne constitue rien moins que la négation pure et simple de la propriété. Elle permet en effet de dire au propriétaire d'une maison expropriée qu'il a touché assez longtemps ses loyers, pour n'avoir droit à aucune indemnité ! Elle permet au locataire qui a payé son loyer pendant vingt ans, de soutenir que la maison du propriétaire est à lui ! Au débiteur qui a servi les intérêts pendant vingt ans, de prétendre qu'il ne doit plus le capital !

C'est tout bonnement monstrueux !

Cela n'empêchait cependant pas l'honorable M. Pelletan de conclure ainsi :

Messieurs, cette question est vidée ; ce n'est pas à nous qu'il appartient de la résoudre. D'ailleurs elle a été tranchée par le Conseil d'Etat. Dans plusieurs arrêts, le Conseil d'Etat a repoussé toutes les prétentions des bouchers et des boulangers qui venaient réclamer des indemnités pour la suppression des monopoles. (*Vive approbation à gauche.* — *Aux voix ! aux voix !*).

Ici encore, Messieurs, réfutons au passage les arguments erronés que lance si légèrement dans la discussion l'honorable sénateur. Il parlait tout à l'heure des maîtres de poste ; il objecte maintenant les bouchers et les boulangers.

Mais en ce qui touche les maîtres de poste, ils n'ont pas été par un décret privés de leurs offices ; leur privilège est tombé progressivement, non par le fait de l'Etat comme cela s'est produit pour nous, mais par le fait de l'établissement des chemins de fer, ce qui ne pouvait pas plus obliger l'Etat vis-à-vis des maîtres de poste que la création d'une navigation aérienne, par exemple, ne pourrait obliger l'Etat vis-à-vis des compagnies de chemins de fer, si l'industrie de ces dernières avait à souffrir de la concurrence de ce nouveau mode de transport.

En ce qui touche les bouchers et les boulangers, dont le nombre d'abord restreint est aujourd'hui sans limites, la différence de situation avec les imprimeurs est sensible. Les industries de la boucherie et de la boulangerie tombent sous le coup de la police municipale, dont l'une des principales attributions est de veiller à l'alimentation publique. La réglementation de ces industries, la limitation, l'extension ou la liberté qu'elles ont pu tour à tour subir ou recevoir, suivant les exigences des temps, n'ont jamais entraîné de la part et à la charge de l'Etat aucun engagement, aucune responsabilité pécuniaire (voir sur ce point les arrêts du Conseil d'Etat et les observations de M. le Commissaire du Gouvernement de Lavenay : — 14 décembre 1850 ; 30 juin 1858).

Je reviens à la discussion devant le Sénat.

Après une courte réplique de M. Taillefert, M. Jules Simon, Président du Conseil et Ministre de l'Intérieur, monta à la tribune et commença par déclarer qu'il ne croyait pas que le Sénat fût appelé à discuter dans ce moment le fond de la question. Puis il ajouta :

Dans cette situation, Messieurs, je ne puis m'expliquer que sur le préliminaire, c'est-à-dire sur la situation actuelle des faits, et non pas, je le répète, sur le fond de la question, puisque le Sénat n'est pas appelé à statuer. Assurément, si des collègues me disaient : nous souhaitons que le Gouvernement fasse une étude approfondie d'une question, il serait aussitôt déféré à leur désir ; à plus forte raison, si le Sénat m'invitait à le faire. Cela est bien entendu, pour cette question comme pour toutes les autres.

Pour la question dont il s'agit, la loi n'établit pas le droit à une indemnité, cela est un fait certain, vous en lirez le texte, et vous verrez.....

M. DE GAVARDIE. — Je demande la parole.

M. LE MINISTRE. — Que le décret qui existe ne donne pas droit à une indemnité.

Le Gouvernement n'est pas en mesure de la donner, cette indemnité, parce qu'en le faisant il se substituerait au pouvoir législatif, qui ne s'est pas prononcé (*C'est vrai ! Très bien sur un certain nombre de bancs*).

La Commission qui a examiné la proposition ajoute que le Gouvernement pourrait, en dehors de la stricte légalité et par voie gracieuse, donner des indemnités en raison du dommage subi. Le Gouvernement ne peut pas entrer dans cette voie (*Évidemment*), il ne peut, en aucun cas, donner une indemnité quand le pouvoir législatif a établi le droit à cette indemnité et a même indiqué la façon dont elle doit être répartie. Tout ce que pourrait faire le Gouvernement, s'il étudiait la question, ce serait de venir vous proposer un projet de loi sur lequel vous statueriez, mais dans l'état actuel, il ne peut pas davantage. De sorte que, tout en exprimant ma ferme volonté d'examiner toutes les questions sur lesquelles on me demanderait une étude, je suis obligé de dire que, quant à présent, je le répète, il n'y a pas d'indemnité prononcée, et il est impossible au Gouvernement d'en donner tant que la loi n'a pas parlé.

Voilà, Messieurs, la situation du Gouvernement dans cette affaire (*Très bien ! Très bien !*)

M. DE GAVARDIE. — Je demande la parole.

M. LE PRÉSIDENT. — La parole est à M. de Gavardie.

M. DE GAVARDIE. — Messieurs, je vais tirer les conséquences du principe que vient de poser avec beaucoup d'autorité M. le Président du Conseil.

En effet, si l'intervention du pouvoir législatif est nécessaire, il est de toute évidence qu'il faut qu'une Commission soit nommée ; car, si l'on s'en rapporte aux intentions du Gouvernement, quelque bien intentionné qu'il puisse être, il est certain que le projet restera dans les cartons administratifs et qu'il y dormira jusqu'à l'éternité *(Hilarité générale)*. Par conséquent, il est indispensable qu'une Commission soit nommée et je m'étonne, Messieurs, que de ce côté de l'Assemblée *(l'orateur désigne la gauche)* on ne vienne pas réclamer l'intervention de cette Commission ; car enfin ce décret que vous soutenez, ce décret est complètement illégal... *(protestations à gauche)*, ce décret, il a été rendu au milieu des malheurs de la patrie *(nouvelles interruptions à gauche)* et quand, au lieu de s'occuper de défense nationale, l'on avait assez de liberté d'esprit pour régler les intérêts de l'imprimerie et de la librairie. *(Bruits. — Protestations sur les mêmes bancs)*.

Je vais aborder le fond de la question, puisque d'ailleurs le fond de la question a été touché par les orateurs déjà entendus et par M. le Président du Conseil et que ses paroles ont très certainement impressionné l'Assemblée : je l'ai vu à certaines physionomies *(rires à gauche)* de ce côté.

Messieurs, on a dit qu'il n'y avait pas une question de propriété engagée ici. Mais, quelle question peut donc être considérée comme une question de propriété, si véritablement le brevet ne constitue pas un droit, et un droit incontestable de cette nature ?

Comment ! le brevet a été acheté et ce n'est pas une propriété ? Voyons ! Comment expliquerez-vous qu'un brevet acquis à beaux deniers comptants n'est pas une propriété ? Propriété transmissible, soit. Il n'est pas nécessaire de payer le brevet à chaque transmission d'une librairie ou d'une imprimerie ; le brevet a été payé, et le prix de ce brevet se trouve implicitement compris dans le prix d'achat. C'est ainsi que les choses se passent en matière de transmission de certains offices. *(Dénégations sur un grand nombre de bancs).* Est-ce qu'on paye un droit pour la transmission de l'office ? Non !

Un Sénateur. — Il y a un droit de présentation.

M. de Gavardie. — Le prix de la charge comprend implicitement le prix du privilège qui est transmis. Ainsi, par cela seul qu'il y a un brevet acheté, il y a un droit de propriété.

Maintenant, ce droit de propriété, dit-on, n'a pas toujours été reconnu. Mais on vous saisit précisément pour cela. Si la question était claire, vous n'auriez pas besoin d'intervenir ; la question est tout au moins douteuse....

. . . .

Malheureusement M. de Gavardie n'avait pas, comme l'on dit, l'oreille du Sénat et vous allez voir comment cette longue discussion se termina (veuillez excuser cette expression familière) en eau de boudin.

Répondant à une observation de M. le rapporteur, M. de Gavardie s'écriait :

Il ne s'agit pas d'une question de propriété privée ; il s'agit d'une question générale et qui touche au grand principe de la propriété.

Mais, à supposer que ce soit une question de propriété privée, peut-on soutenir que le Sénat n'est pas compétent pour résoudre la question ? Non ! car si vous admettez que le pouvoir législatif est incompétent, Messieurs, vous tombez dans une véritable impasse.

En effet, à supposer que cette question de propriété soit posée devant les Tribunaux, on ne réclamera évidemment qu'en vertu de la loi qui a établi les brevets ; mais le Tribunal dira : C'est une question législative, je ne peux pas la résoudre, je suis absolument incompétent.

Voilà ce que dira le Tribunal. Alors, comment en sortirez-vous ?

Voix nombreuses à gauche : Aux voix ! Aux voix !

M. le Président. — La parole est à M. Taillefert.

M. Taillefert. — Messieurs, M. le Ministre ayant pris à cette tribune l'engagement d'examiner très sérieusement la proposition que nous avons faite devant vous, et aussi les droits que peuvent avoir les imprimeurs, nous déclarons, mon honorable collègue M. Houssard et moi, retirer notre proposition.

M. le Président. — Le projet est retiré.

M. Hérold. — C'est justice.

M. le Président. — Il n'y a pas, en conséquence, à le mettre aux voix.

Ai-je besoin d'ajouter, Messieurs, que M. de Gavardie avait, hélas ! bien raison d'avoir, — comme le guillotiné par persuasion, — « de la méfiance », et que le Gouvernement a complètement négligé de se livrer à « l'étude approfondie » que promettait M. Jules Simon au début de son discours.

S'il l'avait faite, cette étude, il se serait vite convaincu de la légitimité de nos réclamations et il aurait été le premier — nous n'en voulons pas douter au moment même où beaucoup d'entre nous ouvrent, dans les journaux dont ils sont propriétaires, des souscriptions en vue d'élever un monument à l'illustre homme d'État, — M. Jules Simon, dis-je, aurait été le premier à présenter aux Chambres un projet de loi nous allouant l'indemnité à laquelle nous donne droit l'expropriation dont nous avons été victimes.

Comme l'écrivait en 1884 M. Jousset, l'honorable président de la Chambre des Imprimeurs parisiens, cette indemnité eût dû précéder l'expropriation et nous l'attendons encore !

« L'Etat, notre vendeur, auquel nous avions payé ce
» Brevet, qui devait à ce titre nous garantir de toute éviction
» de la part des tiers est celui-là même qui nous a évincés,
» mais sans restituer le prix !

» Il y a là une atteinte grave à la propriété et un précédent
» qui peut menacer toutes les classes de citoyens ».

Les objections soulevées contre l'application au brevet du caractère de propriété ne résistent pas à un examen tant soit peu attentif et le cas des titulaires de ces brevets est absolument, quoi qu'on en ait dit, celui des notaires ou des avoués.

Cette assimilation résulte tout d'abord de la discussion qui précéda le décret-loi de 1810. Dans la séance du Conseil d'Etat du 12 décembre 1809, Napoléon s'exprimait ainsi :

« Ce sera l'imprimerie qui sera brevetée et non l'imprimeur ;
» que celui-ci seulement soit autorisé, et qu'il en soit *comme des*

» *notaires et des avoués* qui n'entrent que dans des places vacantes
» et qui n'y entrent que par nomination (1) ».

Dans sa lettre adressée aux préfets le 18 juillet 1810 et relative
à la mise à exécution du décret-loi du 5 février précédent, le
Comte Portalis, Conseiller d'Etat, Directeur général de l'Imprimerie et de la Librairie, confirmait et développait en ces termes
la pensée de son souverain :

« Le décret impérial du 5 février dernier n'ordonne pas, il est
» vrai, que le nombre des imprimeurs sera réduit dans chaque
» département. Jusqu'à présent cette réduction n'a été prescrite
» que pour Paris ; mais il veut du moins qu'à dater du 1er janvier
» 1811 le nombre des imprimeurs *soit fixé partout*.

» L'Empereur veut restituer à la plus belle découverte de nos
» temps modernes son lustre et sa dignité ; il veut trouver dans
» les imprimeurs des espèces d'*officiers ministériels* de la pensée,
» *qui soient* parmi les hommes, pour la transmission des
» lumières, *ce que sont les notaires* pour la transmission des
» propriétés ».

Voilà donc réfutées par avance les distinctions que l'on a,
depuis, cherché à établir entre les brevets d'imprimeur et les
titres d'offices publics.

En fait d'ailleurs et tant qu'ils ont existé, l'Administration n'a
jamais porté atteinte au droit de propriété résultant de la création
des brevets. Lorsqu'un imprimeur voulait céder son imprimerie,
il avait soin, naturellement, de choisir un successeur remplissant
les conditions nécessaires pour être agréé par l'Administration et
le présentait à celle-ci en démissionnant en sa faveur. Le contrat
de vente était soumis à la double condition que le vendeur
donnerait sa démission et que l'acheteur recevrait un titre
personnel. C'est ce qui a encore lieu de nos jours pour les offices
publics, avec cette différence toutefois, en faveur des imprimeurs,
que ceux-ci n'étaient pas tenus, comme l'étaient et le sont

(1) Baron Locré. *Discussions sur la liberté de la presse, la censure, la propriété
littéraire, l'imprimerie et la librairie, qui ont eu lieu dans le Conseil d'État.* 1 vol.
in-8°, Paris, Garnery, 1819.

encore les officiers ministériels, de faire connaître à l'Administration le prix moyennant lequel ils ont consenti à donner leur démission.

Voici du reste, à l'appui de ce qui précède, la formule même des brevets :

BREVET D'IMPRIMEUR EN LETTRES.

Au nom de l'Empereur, Nous ministre de l'Intérieur, vu l'article 11 de la loi du 21 octobre 1814 et le décret du 22 mars 1852, accordons à M.......... *en remplacement du sieur* .... *démissionnaire,* le présent brevet d'imprimeur en lettres, à la résidence de.......... département de.........., à la charge, par lui, de le faire enregistrer au tribunal civil de son arrondissement, après y avoir prêté serment d'obéissance à la Constitution et de fidélité à l'Empereur.

Délivré à Paris le

Le Ministre Secrétaire d'Etat
au département de l'Intérieur.

(Signature).

Nos brevets étant ainsi transmissibles, comme je viens de l'expliquer, constituait donc une véritable propriété, au même titre que les offices publics. Or, lorsqu'il s'est agi de rendre libre, en 1866, la profession de courtier en marchandises, comme on a rendu libre en 1870 la profession d'imprimeur, le Conseil d'Etat a émis l'opinion suivante qui s'applique absolument à notre cas :

La suppression de l'institution publique des courtiers de marchandises *entraîne l'obligation d'indemniser les titulaires actuels* de ces offices ; *cela ne peut être douteux.*

Les offices que la loi du 28 août 1816 a rendus transmissibles *sont des propriétés ;* cela a été tant de fois reconnu et proclamé dans des documents législatifs et dans des discussions solennelles de nos diverses assemblées législatives, que nous ne croyons pas nécessaire de faire autre chose que reproduire ici l'affirmation d'un principe *qui n'a jamais été contesté* et qui a *pour conséquence nécessaire une indemnité* à donner aux titulaires d'offices *dépossédés du droit de présenter leurs successeurs* (1).

(1) Exposé des motifs annexé au procès-verbal de la séance du Conseil d'Etat du 22 juin 1865.

Cette opinion est d'ailleurs adoptée par tous les jurisconsultes.

Voici comment s'exprime Dalloz dans son Répertoire général :

> Ce qui distingue le brevet d'imprimeur de la simple autorisation préalable, c'est que le nombre des imprimeurs étant limité et l'exercice de cette profession étant par là monopolisé, le brevet devient un privilège et même, grâce à l'article 8 du décret de 1810, *une véritable propriété transmissible.*
>
> Ce n'est plus, dès lors, une simple entrave que l'on met à la liberté de l'industrie, comme par l'autorisation préalable, mais une véritable exception que l'on crée au principe de cette liberté.

Troplong, dans son *Traité du contrat de vente*, dit au n⁰ 221 :

> Nous plaçons aussi parmi les choses qui, par leur nature, sont hors du commerce un brevet d'imprimeur ou de libraire.
>
> Mais rien n'empêche qu'on traite avec un libraire ou un imprimeur en titre pour qu'il donne sa démission.

Sirey, à propos de l'arrêt du Conseil d'Etat du 4 avril 1879, constate que « les brevets d'imprimeur ne constituent » pas, pour ceux qui les possèdent, de simples autorisations » d'exercer leur profession, mais bien de *véritables droits* ».

MM. Demolombe et Carré écrivaient en 1867 :

> Le Gouvernement n'a jamais revendiqué un droit de nomination indépendant et souverain ; il n'a jamais isolé la concession du brevet de la vente faite par l'imprimeur ou ses héritiers ; en un mot, il a agréé des successeurs, il n'a jamais imposé des acheteurs refusés. *L'application progressive des véritables principes économiques peut exiger qu'on exproprie les imprimeurs de ce droit ; mais la justice, qui est la compagne inséparable du vrai progrès, exige en même temps qu'on les indemnise.*

Voilà qui est assez clair, n'est-ce pas ? Et la jurisprudence est d'accord avec la doctrine pour affirmer que chaque brevet peut être de la part du titulaire l'objet d'une transmission à prix d'argent et reconnaître au droit de l'imprimeur sur son brevet le caractère de la propriété.

Le Tribunal de Commerce de la Seine a jugé, le 20 novembre 1868 que la propriété du brevet de l'imprimeur fait partie de l'actif de ses créanciers.

Un arrêt de la Cour de Paris, du 16 novembre 1854, considère le brevet comme un apport valable dans une Société. Voici dans quelles circonstances cet arrêt intervint :

Un imprimeur de Paris avait apporté son brevet dans une Société. La Société étant tombée en faillite, le syndic avait vendu le brevet, et le Tribunal de Commerce avait validé cette vente. Mais le titulaire du brevet avait stipulé le payement d'une partie du prix pour lui *personnellement*, profitant ainsi de ce que son *consentement personnel* était exigé par l'Administration pour donner le brevet à son successeur. Les créanciers attaquèrent cette disposition, et la Cour de Paris rendit l'arrêt suivant :

La Cour,

Considérant que les lois qui réglementent la délivrance et l'usage des brevets d'imprimeur ne défendent pas aux titulaires de ces brevets de faire, pour leur exploitation, tous traités utiles à leur intérêt, pourvu qu'ils ne portent pas atteinte aux droits de l'autorité ;

Qu'ainsi c'est en usant de son droit que X.... a formé, le 9 avril 1846, avec Z...., une Société pour l'exploitation du brevet d'imprimeur qu'il avait obtenu, et qu'il a apporté ce brevet dans la Société ;

Que, sans doute, ce brevet, malgré la valeur vénale qui lui était donnée par l'acte de Société, n'aurait pu être mis en vente comme une autre valeur, ni transmis à un tiers, *sans la volonté du titulaire* et sans l'autorisation de l'administration ;

Mais considérant que X... (*le breveté*) ne pouvait, sans manquer à ses engagements et sans se rendre coupable de mauvaise foi, refuser son concours et son consentement pour procurer aux créanciers de la Société les moyens de réaliser la valeur de ce **Brevet qui leur appartenait** *comme tout le reste de l'actif* de la Société leur débitrice ;

Considérant que X.... (*le breveté*) a accompli ce devoir en donnant son concours au traité fait avec N... (*le successeur*) le 31 mai 1853, *en donnant sa démission au moyen de laquelle N... a obtenu un brevet* d'imprimeur ;

Considérant que l'indemnité de 10.000 francs, stipulée par le traité et payée par N... (*le successeur*), est en rapport avec les avantages qui lui ont été faits, et qu'à cet égard les intérêts des créanciers ont été respectés ;

Mais considérant que cette somme de 10.000 francs est la **propriété** de X..... (*le breveté*) et Z.... (*son associé*), **comme le brevet** qu'elle représente ;

Que l'attribution d'une partie de cette somme à X..... personnellement est illicite, et qu'à ce titre les tribunaux, protecteurs des intérêts des créanciers en matière de faillite, doivent annuler, même d'office, cette stipulation ;

Homologue, pour être exécuté selon sa forme et sa teneur, le traité fait entre le syndic de X.... (*le breveté*) et N..... (*le successeur*), le 31 mai 1853, et néanmoins annule d'office, à l'égard de X..... et des créanciers de la Société X... et Z....., la stipulation qui attribue à X.... une somme de 3.5oo francs sur celle de 1o.ooo francs payée par N....; ordonne que la somme de 1o.ooo francs sera répartie entre les créanciers de la Société X.... et Z...., etc.

Il me semble difficile, après cela, de venir encore soutenir que les imprimeurs n'étaient nullement *propriétaires* de leurs brevets et que par conséquent on pouvait les *exproprier* sans indemnité.

Je me bornerai donc à rappeler que le Conseil d'Etat a décidé, le 22 mars 1851, que la révocation d'un brevet d'imprimeur constitue la *violation d'un droit* et que l'acte révocatoire est entaché d'excès de pouvoir; et qu'enfin un arrêt de la Cour de Cassation, du 13 décembre 1869, déclare qu'un brevet d'imprimeur fait partie de l'actif d'un failli.

Messieurs, il faut conclure, et j'ai vraiment trop abusé de votre patience et de votre bienveillante attention.

Le droit des anciens titulaires de brevets d'imprimeur, ou de leurs ayants cause, étant bien établi et, je l'espère, suffisamment démontré, il s'agit maintenant de passer de la théorie à la pratique. Quelle est pour cela la meilleure marche à suivre, c'est ce que vous allez, Messieurs, décider dans un instant. Peut-être estimerez-vous qu'il y a lieu, pour le Congrès, d'émettre un vœu tendant à ce que l'autorité législative — conformément aux dispositions de l'article 4 du décret du 10 septembre 1870 et aux indications si précises de l'arrêt du Conseil d'Etat du 4 avril 1879, — statue par une loi sur les conséquences du décret susdit à l'égard des anciens titulaires de brevets, ou de leurs ayants cause, et leur alloue, avec les intérêts de droit, l'indemnité qui, aux termes de l'article 545 du code civil, aurait dû *précéder l'expropriation* dont ils ont été victimes.

Le Congrès chargerait ensuite le Comité central de l'Union des Maîtres-Imprimeurs de France de poursuivre la réalisation de ce vœu, d'une part en s'occupant de trouver des membres du Parlement suffisamment éloquents pour présenter habilement ce projet de loi et le faire aboutir sans retard ; d'autre part en faisant auprès du Gouvernement les démarches nécessaires pour obtenir de lui qu'il ne s'oppose pas à l'adoption de ce projet de loi..... sans toutefois trop poser la question de confiance, car (qui sait ?) cela pourrait peut-être suffire, suivant les circonstances, pour le faire repousser !

A côté de ces démarches que je qualifierai, si vous voulez, d'officielles, il conviendrait, — comme je le proposais, il y a deux ans, au Congrès de Lyon, et comme cela a été fait pour la question du timbre des affiches, — que chacun de nous agît individuellement et *personnellement* auprès de tous les membres du Parlement sur lesquels il peut avoir une légitime et très sérieuse influence afin de les amener ainsi à donner sans hésitation leur vote à la proposition de loi en question lorsqu'elle sera soumise aux Chambres.

En réunissant ainsi, d'une extrémité de la France à l'autre nos efforts et en les concentrant sur un même but, nous montrerons que notre beau titre d'Union n'est pas un vain mot et nous serons, pour ainsi dire, assurés de voir enfin se réaliser l'acte de justice et d'équité que nous réclamons vainement depuis si longtemps.

Comme me l'écrivait spirituellement, ces jours-ci, un de nos confrères à ce sujet :

« C'est la grâce que je *nous* souhaite ! »